Gott, unseren Schöpfer, kennen und lieben lernen

Ein Buch für Kinder, das Kindern Gott vorstellt

VON THE SINCERE SEEKER KIDS COLLECTION

Gott

GOTT IST UNSER EIN UND ALLES.
GOTT IST UNSER SCHÖPFER.
GOTT KONTROLLIERT UND KÜMMERT SICH UM
DICH UND MICH UND UNSERE
FAMILIEN UND UM ALLES ANDERE AUCH.
GOTT GIBT UNS ESSEN UND EIN GEMÜTLICHES
WARMES BETT, WO WIR
SICHER SIND.
GOTT IST HOCH OBEN ÜBER DEM HIMMEL

GOTT ERSCHUF GROSSE PLANETEN UND KLEINE PLANETEN.
GOTT HAT DIE ERDE FÜR UNS GESCHAFFEN, DAMIT WIR DARAUF LEBEN KÖNNEN.
GOTT SCHUF LEUCHTENDE, HELLE STERNE, UM UNS LICHT ZU GEBEN.
GOTT HAT DAS GANZE UNIVERSUM ERSCHAFFEN.

GOTT HAT DEN **VOLLMOND** ERSCHAFFEN.

GOTT SCHUF DIE FLUFFIGEN GRAUEN WOLKEN.

GOTT LÄSST REGEN AUF DIE ERDE FALLEN, UM SIE ZU NÄHREN UND ZU REINIGEN.

GOTT LÄSST DEN WIND IN VERSCHIEDENE RICHTUNGEN WEHEN.

GOTT LÄSST DIE SONNE HELL LEUCHTEN.

GOTT HAT KALTES WASSER UND AUCH
HEISSES WASSER GESCHAFFEN.
GOTT SCHUF WUNDERSCHÖNE BLAUE FLÜSSE.

GOTT SCHUF DIE GROSSEN

WELLIGEN OZEANE.

GOTT SCHUF DIE TIEFEN, DUNKLEN MEERE.
GOTT LÄSST DIE Wellen SICH B E W E G E N UND S T E I G E N.

GOTT SCHUF DIE HOHEN

Rocky MOUNTAINS.

GOTT SCHUF NIEDRIGE SCHNEEBEDECKTE BERGE.

GOTT ERSCHUF BANANENBÄUME UND ORANGENBÄUME, VON DENEN WIR ESSEN KÖNNEN. GOTT ERSCHUF VERSCHIEDERNE ARTEN VON DUFTENDEN BLUMEN IN VIELEN SCHÖNEN FARBEN, AN DENEN WIR UNS ERFREUEN KÖNNEN.

GOTT SCHUF GLÜCKLICHE FAMILIEN, UM ZEIT MITEINANDER ZU VERBRINGEN.
GOTT SCHUF LIEBEVOLLE ELTERN, UM FÜR UNS ZU SORGEN UND UNS ZU LIEBEN UND DAMIT WIR GUT ZU IHNEN SIND.
GOTT HAT LUSTIGE BRÜDER UND SCHWESTERN ERSCHAFFEN, UM FÜR EUCH ZU SORGEN UND DAMIT IHR FÜR SIE SORGT.

GOTT SCHUF GROSSE TIERE WIE DIE
AFRIKANISCHEN ELEFANTEN UND
BRAUNBÄREN UND GRÜNE ALLIGATOREN
MIT SCHARFEN ZÄHNEN.

GOTT ERSCHUF KLEINE TIERE WIE
DEN WINZIGEN MARIENKÄFER UND DIE
SUMMENDE HUMMEL.
GOTT ERSCHUF SPRINGENDE
GRASHÜPFER,
KLITZEKLEINE AMEISEN UND FLIEGENDE
LIBELLEN.

GOTT SCHUF SÄTTIGENDE NAHRUNG,
UM UNSEREM KÖRPER ZU HELFEN,
GESUND UND STARK ZU WERDEN.
GOTT HAT LECKERE GETRÄNKE GESCHAFFEN, WENN
DU DURSTIG BIST.
GOTT ERSCHUF LILA TRAUBEN, LECKERES
FRISCHES BROT, GELBEN KÄSE, SAFTIGES
HUHN UND KÖSTLICHE ROTE ÄPFEL.

GOTT SCHENKT DEN MENSCHEN DAS LEBEN UND
BESCHENKT SIE AUCH MIT VIELEN DINGEN.
GOTT SCHENKTE UNS EIN KOMFORTABLES
ZUHAUSE ZUM LEBEN, EIN AUTO ZUM
FAHREN, UNSERE LIEBLINGSSPIELZEUGE
ZUM SPIELEN, UNSERE BEIDEN HÄNDE, UM DINGE
ZU MACHEN UND UNSERE BEIDEN FÜSSE, UM ZU GEHEN,
UNSERE AUGEN, UM ZU SEHEN, UNSERE OHREN, UM ZU
HÖREN, UND UNSERE MÜNDER ZUM ESSEN UND REDEN.

GOTT SIEHT UND WEISS ALLES, WAS GESCHIEHT.
GOTT HÖRT ALLES, WAS GESAGT WIRD.

GOTT IST SEHR LIEBEVOLL.
GOTT LIEBT UNS SEHR STARK.
GOTT KÜMMERT SICH SEHR UM UNS.
WIR SOLLTEN IHN AUCH LIEBEN.

ALLES GUTE KOMMT VON GOTT.
GOTT IST DAS LICHT DES HIMMELS UND DER ERDE.
GOTT BRINGT LICHT IN DIE HERZEN DER
MENSCHEN.

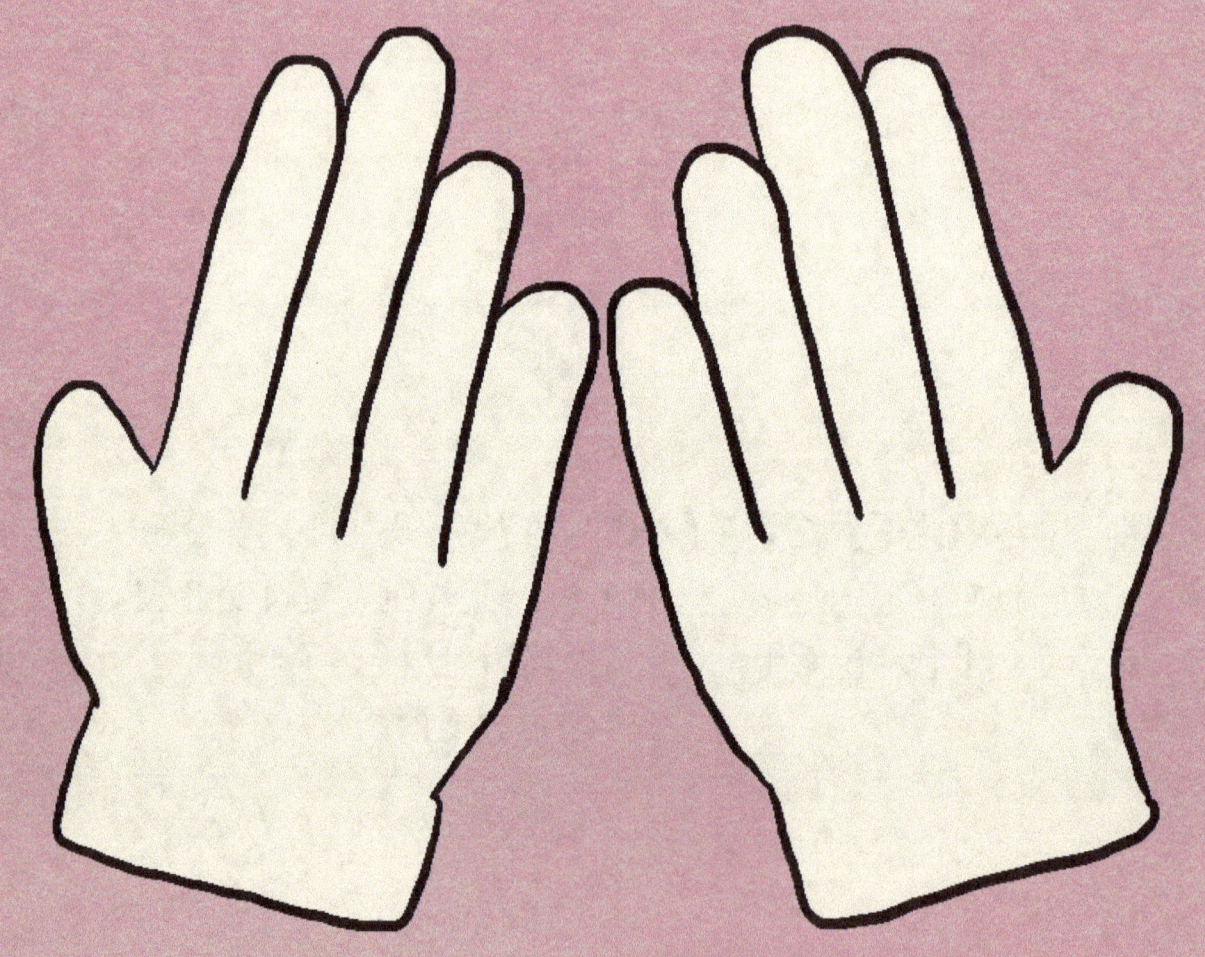

WIR BETEN ZU GOTT, WEIL GOTT UNS ERSCHAFFEN
HAT UND UNS LIEBT.
UND WIR LIEBEN GOTT AUCH.
GOTT BEANTWORTET UNSERE GEBETE, WENN WIR
IHN DARUM BITTEN.
WIR SOLLTEN IMMER MIT GOTT SPRECHEN.

GOTT WIRD GUTE MENSCHEN R E I C H
BESCHENKEN IM PARADIES, WO SIE ALLES
BEKOMMEN, WAS SIE SICH wünschen UND
GLÜCKLICH BIS ANS ENDE ALLER ZEITEN LEBEN.

ENDE.

www.ingramcontent.com/pod-product-compliance
Lightning Source LLC
Chambersburg PA
CBHW081012120626
46546CB00010B/3124